Encuentra la MENTE

Escrito por
Ziji Rinpoche
Short Moments for Kids

Ilustrado por
Celine Wright
BeginningMind" n° 3

Copyright © 2021 Short Moments for Kids (Momentos Breves para Niños)
Todos los derechos reservados.

Ninguna parte de esta publicación puede ser
reproducida o distribuida en formato alguno
sin consentimiento previo por escrito del editor.

Texto © 2021 Ziji Rinpoche
Ilustraciones y diseño de portada © 2021 Celine Wright

Libro #3 de la serie "BeginningMind" (Iniciación a la naturaleza de la mente)

Título en el idioma original: Find Mind
Traducción al español © 2024

ISBN de Tapa dura: 978-1-915175-50-2
ISBN de Tapa blanda: 978-1-915175-49-6
ISBN de Ebook: 978-1-915175-51-9

Dedicado a... ¡ti!

"Practica la mente fuerte cuando tengas sentimientos tormentosos
porque la mente fuerte siempre está feliz, calma
y tiene una amabilidad muy poderosa.
La mente fuerte está siempre disponible para ayudarte.
¡La mente fuerte te pertenece y nadie puede quitártela!
¡Te pertenece!"

¿Sabíamos nombrar las partes de nuestro cuerpo cuando éramos bebés?

¡No! Cuando somos bebés,
no sabemos nada.

Aprendimos a caminar
cuando éramos bebés; un paso,

después otro, y ahora podemos
caminar todo el tiempo.

Ahora que eres grande
tú también puedes nombrar
las partes de tu cuerpo.

Ser grande
es muy especial
porque puedes aprender
sobre tu mente.

Cuando aprendes
sobre la mente
te vuelves más y más feliz.

La mejor forma de aprender
sobre tu mente se llama "meditación".

¿Qué necesitas saber
sobre la mente?

Necesitamos saber que la mente
es el único modo de ser feliz.

Necesitamos saber que la mente
es el único modo de ser amable.

La mente nos dice
que somos felices.

La mente nos dice
que seamos amables.

Los juguetes no pueden hacernos felices.

Son divertidos. Pero solo la mente tiene felicidad.

Así que cuando meditas, aprendes

a ser feliz todo el tiempo.

Cuando aprendes
sobre la mente
mediante la meditación
te vuelves más y más feliz
y eres más y más amable.

¡Cuando meditas
aprendes felicidad,
amabilidad y fuerza!

La fuerza más grande
está en la mente.
Al igual que el cielo,

la felicidad y la amabilidad
están por todas partes
en la mente.

La felicidad y la amabilidad son como flores en un campo.
Cuando meditas, en breves momentos
repetidos muchas veces,

¡Hasta la próxima para otra aventura!

La autora Ziji Rinpoche y su maestro Wangdor Rimpoche

Ziji Rinpoche ama enseñar y escribir y su último libro se llama "Al surfear un tsunami…".

Ziji Rinpoche es la sucesora del linaje Dzogchen del Venerable Wangdor Rimpoche. Cada metáfora e instrucción clave tiene su origen en las Enseñanzas Dzogchen que se pasan de un maestro a otro, como una cadena de montañas doradas.

Wangdor Rimpoche le pidió a Ziji Rinpoche que efectuara la continuación del Dzogchen en el ámbito de la cultura global contemporánea. Ziji Rinpoche estableció la comunidad en línea de Breves Momentos para apoyo mutuo en la familiarización con la naturaleza de la mente. Mediante la aplicación Short Moments cualquier persona puede tener acceso a enseñanzas Dzogchen profundas y poderosas. Descubre más en http://shortmoments.com

La ilustradora Celine Wright

Celine ama dibujar, empoderar a los niños y niñas y contar historias. Cuando fue introducida a la naturaleza de la mente por Ziji Rinpoche, quedó impactada por el poder de la mente, abierta como el cielo, siempre clara y sabia sin importar los sentimientos tormentosos. Ella reconoció que amaría haber aprendido sobre la mente en su infancia. Se sintió inspirada para ilustrar las enseñanzas en libros para niños, que introducen la mente fuerte a los niños.

Combinando su formación en Bellas Artes (licenciatura), Artes del Espectáculo (máster), Dzogchen (estudiante de Ziji Rinpoche desde 2007) y Educación de la Temprana Infancia (asistente maternal), Celine ahora enseña Dzogchen para Niños, lee libros en escuelas y festivales y ama ilustrar nuevos libros en http://shortmomentsforkids.com.

Encuentra otros libros de la serie BeginningMind o de nuestra Pearl Collection (Colección Perla), para educar los corazones y mentes, en
http://shortmomentsforkids.com

Eres muy bienvenido a dejar un comentario.
Los comentarios ayudan a otros a descubrir las joyas de los momentos breves en sus vidas.

En nuestro sitio web podrás encontrar lecturas en voz alta, un blog sobre apoyo a los niños para que confíen en la mente fuerte con sus sentimientos tormentosos e información sobre nuestras clases semanales de Dzogchen para niños via Zoom.

Redes sociales @short_moments_for_kids